I0874687

Wirtschaftsfragen im zweiten Kriegsjahre

von

Dr. Brandt-Düsseldorf

Vortrag, gehalten in der
47. Hauptversammlung
des Vereins deutscher Eisengießereien zu Düsseldorf
am 5. August 1916

Druck von R. Oldenbourg in München

www.ingramcontent.com/pod-product-compliance
Lightning Source LLC
LaVergne TN
LVHW100308031026
849161LV00031B/617